अनुभूतियाँ

अनिल कुमार

अंजुमन प्रकाशन

Title : Anubhutiyan
Author : Anil Kumar

Published By-
Anjuman Prakashan
942, Mutthiganj, Prayagraj, 211003
www.anjumanpublication.com
anjumanprakashan@gmail.com

Printed and bound in India.
Paperback, First published by Anjuman Prakashan in 2023
ISBN : 978-93-88556-85-9

Cover & Typeset by Anjuman Prakashan

Price in india: 225/-

समर्पण

मेरी मासी स्व० नुनू देवी, स्व० माता-पिता, गुरुजनों एवं पाठकगण को।

अभिस्वीकृतियाँ

रचना प्रक्रिया के साक्षी हर पल, हर व्यक्ति और विचार जिन्होनें प्रेरित किया।

धर्मपत्नी सुनीता व पुत्र सौरभ एवम शुभम जिंहोने अनुकूल वातावरण बनाए रखा और कहीं-न-कहीं जीवन के वो अंश, वो वक़्त, जिनपर मात्र उनका अधिकार था, मेरे इस रचनात्मक स्वार्थ पर न्यौछावर हुए। बच्चे अपने-अपने कार्य की व्यस्तता के बावजूद तकनीकी विमर्श के लिए विशेष बधाई के पात्र हैं।

बेटी-दामाद क्रमशः लतिका एवं उत्पल कान्त जो विदेश बसते हुए भी उत्साहवर्द्धन करते रहे। इसी क्रम में हौसला आफजाई के लिए बहू अदिति शर्मा को भी भूला नहीं जा सकता।

मनीष कुमार जो आवश्यकतानुसार तकनीकी व अन्य मदद हेतु सदा तैयार रहे।

अंजुमन प्रकाशन की समस्त टीम जिंहोने प्रकाशन हेतु स्वीकृति और सहयोग दिया।

भूमिका

विविध परिवेश व परिस्थितियों की प्रतिक्रिया स्वरूप घनीभूत मनःस्थिति और मनोभाव बिभिन्न माध्यमों में अभिव्यक्त होते हैं। यही रचना प्रक्रिया है जो जीवन के विभिन्न अनावृत्त पहलू/आयाम से स्वतः प्रभावित है।

हालाँकि, मुझे साहित्य/भाषा का इतना ज्ञान नहीं, फिर भी, अपनी अनुभूतियों को संकलन रूप देने की इच्छा अवश्य की है।

इस संबंध मे सुधी जनों का मार्गदर्शन मुझे स्नेहन एवं गति देगा, ऐसा विश्वास है।

विनीत

अनिल

अनुक्रम

उम्मीद

जिस घर के लिए रिश्तों को बचाया हमने,
उन्ही रिश्तों को वो घर लूटता पाया हमने।

जिन्होंने ज़िन्दगी भर खा के मेरी, डकार भरी,
देख के मौक़ा कि सफ़र शेष हुआ, हुंकार भरी।

जिन्हें न इल्म था कोई तहज़ीब ऐ ज़माने का,
उन्हें तजुर्बा हुआ है अब अदब सिखाने का।

कभी तो तौलिए अपना हुनर तराजुओं पर,
फ़क़त अंदाज़ पे इतराना कहाँ मुनासिब है अनिल।

जिसे भी देखिए, औकात बयाँ करता फिरे,
जो ख़ुद ही नही अपनी औकात में है।

सफल झूठों का सफ़र लगता है क्यों....
हताश सच है खड़ा तन्हा सा।

जलाए रखिए दिलों में उम्मीदों के चिराग़,
इसी चिराग़ से होगा कोई सूरज पैदा।

दीप जलने लगे हैं, जला ले सखी

दीप जलने लगे हैं, जला ले सखी।

कहने को रौशन शहर सारा है,
आसमान जल रहा है, बचा ले सखी।

रौशनी बढ़ रही है गली से गली,
हम भी कुछ बढ़ाएँ चली आ अलि।

छज्जों पे तो दीये जलाये बहुत,
दीप दिल में जले, यूँ जला ले सखी।

कल अँधेरों में डूबा उजाला दिखा,
भटकता हुआ और बहकता हुआ-

मोहरों की मानिंद ग़लत हाथ में
गंदी राहों से होता फिसलता हुआ--

इशारों से उसको बुला ले सखी।
हमको मालूम कि शिकवे बहुत हैं मगर,

अपने आँगन में मन के बिठा ले सखी।
जितनी बचती है उतनी बचा ले सखी।

आदमीयत बची है जितनी भी अब,
उठा ले और माथे लगा ले सखी।

तेल, तिकड़म और घी भी न ठहरें जहाँ,
ऐसी बाती के दीये जला ले सखी।

जैसे दिखती कहीं भी आशा की किरण,
पल में अँधेरा हो जाता गहन।

न चंदा दिखे, ना ही सूरज दिखे,
बस हुहुआता दिखता है पागल पवन।

अपने आँचल में लौ को छिपा ले सखी
दीप जलने लगे हैं जला ले सखी।

आलोकित आदित्य करो

जहाँ जहाँ है तना तिमिर तम,
आलोकित आदित्य करो।
मन निर्मल हो, हृदय विमल हो,
आलोकित आदित्य करो।

मानवता हो उज्जवल उज्जवल;
मन प्रांगण में मैल न आये।
सारा गगन प्रदूषण मुक्त हो;
धरती रोगाणु विहीन,
राग द्वेष और क्लेश मुक्त हो।

हरो हमारे कष्ट विधाता,
शक्ति पुंज तुम नित्य भरो!
जहाँ जहाँ है तना तिमिर तम,
आलोकित आदित्य करो।

जहाँ प्रताड़ित हो समता;
लिंग भेद, कोई विषमता;
दिखे शासकीय अक्षमता,
विकिरणों का तेज भरो।

सात रंग के घोड़ों से तुम
रौंदो सारे बिघ्न प्रबल।
शांति सनातन फैले फूले,
कण कण में भर दो सम्बल।

मार्तण्ड, दिनकर, देवों के देव,
दिवाकर ज्योति भरो।
भ्रष्टाचार जहाँ पलता हो,
दुष्टों का संहार करो।

प्रथम किरण से ज्ञान बिखेरो;
मध्य किरण से बरसे तेज।
भष्म करो सब अविवेक;
आतंक मुक्त संसार करो।

आत्म विमुक्ति मिले मनोरम;
काम, क्रोध, भय लुप्त करो।
हे अग्नि के महाकुण्ड,
स्वाहा स्वाहा व्यभिचार करो।

फैले जब भी कुविचार,
शिवजी सा ताण्डव नृत्य करो।
जहाँ जहाँ हो तना तिमिर तम,
आलोकित आदित्य करो।

एक भ्रूण दीप का पलने दो

जले दीप से दीप,
मिटे मन का अंधियारा;
दस्तक दे सूरज हर दिल पे,
हो जग में पूरा उजियारा।

कटे दूरियाँ मन से मन की,
बढ़े प्रीत जन में जन-जन की;
कर्म कहे गाथा गुरुकुल की,
रहे भावना अपनेपन की।

राख बनें कीटों की फौजें,
लूटे लौ उत्सव की मौजें;
दीप तान सीना जब बैठे,
कहाँ अँधेरा मूँछें ऐंठे।

एकाकी कमज़ोर न होता,
मितभाषी मुँहचोर न होता;
दीप अकेला लड़ लेता है,
अंधकार में बढ़ लेता है।

सिर उठे दर्प का जब ऊँचा,
मर्यादा सीमा पार करे;
कोई राम अवध में हो पैदा,
हर रावण का संहार करे।

गलियों में जब नर हो विभत्स,
बाज़ारों में हो नग्न नृत्य;
चेहरों पे चेहरे दिखें नित्य,
ऐ माधव वर दे उन्हें मृत्यु।

उत्सव ये यूँ न मना होगा,
कण-कण में लहू सना होगा।
किन्ही सूक्ष्म कणों की गतियों नें
रौशन ब्रह्मांड गढ़ा होगा।

रौशन कणिकाओं को देवों,
ज्योतिर्मय पुंज में ढलने दो।
इस अंधकार के कोटर में,
एक भ्रूण दीप का पलने दो

अस्ताचलगामी

अस्ताचलगामी सूर्य हूँ मैं, दे अर्घ्य आख़िरी विदा करो।
मैं फिर ज्योतिर्मय आऊँगा, दिल-दुनिया से ना ज़ुदा करो।

मैं भोर, सुबह हूँ, श्रान्ति हूँ, धर धैर्य सूर्य सम विदा करो।
मैं दृढ़ प्रतिज्ञ दिवाकर हूँ, रख याद, किन्तु मुझे विदा करो।

मैं आऊँगा; ये शाम नहीं, नव जीवन है, हाँ विदा करो।
मैं आँधी हूँ, मैं मौसम हूँ, मत आँक मुझे, पर विदा करो।

मैं मृत्यु हूँ, मैं जीवन हूँ, समभावपूर्ण हो विदा करो।
अस्ताचलगामी सूर्य हूँ मैं, दे अर्घ्य आख़िरी विदा करो।

मैं भूख प्यास हूँ, व्याधि साध हूँ, अग्नि हूँ, हर साँस हूँ मैं।
मैं हूँ पेड़ों की हरियाली, विस्तृत नीला आकाश हूँ मैं।

मैं जलता-बुझता दिखता हूँ, और बुझने बीच सुलगता हूँ।
हर रंग मुझी में बसता है, रंगों संग श्वेत मैं दिखता हूँ।

मैं काली हूँ, मैं लाली हूँ, मैं दुर्गा हूँ, मैं ऊर्जा हूँ।
विस्तृत ब्रह्माण्ड का कण कण हूँ, हर पुर्जा हूँ।

जो कुछ न पाकर देता है, वैसे देवों का देव हूँ मैं।
सारे दधीचि और कर्ण वर्ण की नींव हूँ मैं।

मैं हूँ आभा का स्रोत बिंदु, और अंधकार का गर्भ भी मैं।
अनिल-अनल, तपती धरती, शीतल जल, ठण्डी बर्फ़ भी मैं।

मैं हूँ बहार की अरुणाई और पतझड़ की भी तरुणाई।
आदि अनंत के हेतु अंत हूँ, विदा करो, मुझे विदा करो।

अस्ताचलगामी सूर्य हूँ मैं, दे अर्घ्य आख़िरी विदा करो।

चुगली ऐसी कीजिए

चुगलखोर अधिकारी रहे, धृतराष्ट्र हो बॉस;
भीतर गड़बड़ झाला हो, बाहर-बाहर धौंस।

चापलूस गर हो बाबू, अधिकारी चुगलीखोर;
कान का कच्चा बॉस तब, नाचे बन के मोर।

मज़ा आप ख़ुद लीजिए, समझें सबको मूर्ख;
कुर्सी की गरिमा हरें, ऑफ़िस बेड़ा ग़र्क़।

चिकन चाँप चुप तोड़ लें, खोलें ख़ुद न गाँठ;
हड़का कर पार्टी करें, करें ईमान का पाठ।

धर्मराज हो बॉस जो, नित नित पार्टी खाय;
खर्च करे मन आपने, औरों से वसुलाये।

ख़ुद बिन छुट्टी घूमिये, करिये सबहिं काज;
छुट्टी माँगे अन्य जो, करे नियम की बात।

डरा हुआ जो बॉस हो, चमचा होवे वीर;
बॉस बना चमचा फिरे, बेलचा खावे खीर।

चमचा को डर एक बड़ा जैसे इन्द्र भगवान;
कुर्सी कोई छीन न ले, इसी ख़ौफ़ में जान।

दो डर मिल देखो करे, नाग- नागिनी डांस;
भांजे लाठी फील्ड में, नहीं अटैक का चांस।

अलबेली चुगली भली, जो चमचों की आस;
इस चुगली के कारने बने रहे वो खास।

चुगली ऐसी कीजिए, भला बचे न कोय;
सब के सब बन बुरा फिरे, चमचा उत्तम होय।

रोज़ बदलिए बात को, शर्म ज़रा न होय;
डींग बड़ी नित हाँकिये, शंका करे न कोय।

निर्णय ऐसा कीजिए, मरें लोग दस-बीस;
पाजामा खुल भले गिरे, झुके न कबहुँ शीश।

सौ में नंगा एक भला, इसका सानी कौन;
सज्जन मूरख होत हैं, मुख होते भी मौन।

गर्व आप पर होत है जो भ्रम जीवत जात;
हमको समझें नासमझ नासमझी में आप।

ओ माँ

कभी तेरी गोद में सुकून की साँस ली थी ....
नन्हें हाथों, छोटे पाँवों से तुझे दिये थे
असंख्य झटके ....
और हर बार तूने
बढ़ते वात्सल्य के साथ
थपथपाया था माथा,
प्यार से सहलाये थे गाल।

प्यार-दुलार की
ऐसी बे-अंत शृंखलाओं की
अनंत है गाथा।

आज क्या हुआ ओ माँ!
ओ धरती माता!!
दे रही अनगिनत झटके ...
उठ रहा तेरी गोद से श्मशान का धुआँ क्यूँ ....!

ओ जगत जननी!!!
हम तुम्हारी नादान संतानों ने, ...
मानते हैं, जाने-अंजाने,
ज्ञान के अहंकार में,
समझदार बनने की भूल कर
तेरा तन-मन दुखाया है... ।

ओ विदुषी प्रकृति! ओ शक्ति!!
हमारी समझ तो आज भी है
उतनी ही अधूरी, छिछली, ओछी, कच्ची!
दिग्भ्रमित!!

तेरे गर्भ की ऊष्मा से जनित
हम जीव-जन्तु, पवन, पौधे
तेरी तपन तो सह सकते हैं
किन्तु
तेरे क्रोध की ज्वाला
जला देगी हमें .... !

हाँ, तेरे दुलार ने बहकाया ज़रूर है...
हमें ज्ञान का झूठा गुरूर
और प्रगति का बिगड़ा सुरूर है.... ।

हे, जगत धारिणी !
तेरी भृकुटी की एक हरकत
हमारे सारे ग़ुरूर तोड़ देती है.......
तेरी छोटी सी अँगड़ाई
हमारे ज्ञान के सारे गुर निचोड़ देती है .... ।
फिर भी ओ माँ,
हम संतान तुम्हारी हैं ...... ।

इसलिए हे माँ !
याद रख,
माँयें सदा संतान से हारी हैं .... ! !

हे! पूज्य पिता

कितने फूर्तिबाज़-
कितने समझदार-
कितने अच्छे थे आप!
सादे...
दुनिया में रहकर भी दुनिया से अलग-
ज़िन्दगी जीते हुए, ज़िन्दगी के मोह से जुदा;
जीवन के मूल्यों के प्रति
उन्हें न जानते हुए भी सजग-
कितने सच्चे थे आप!
सोचता रहा क्या-क्या करने को मैँ
सेवा में आपकी-
किन्तु हा!
वो अवसर न दिया भाग्य ने-
मुख देख तक न पाया
और
मुख मोड़ लिया आपने।
ज़िन्दगी छोटी मगर
ज़िन्दगी ने लगवाये छलाँग लंबे।
कितने कम पल जिये संग-
फिर भी

कितना अपना, कितना गहरा-
कितना मुखर आपके रिश्ते का रंग!
नाता निभा भी न पाया-
और रिश्ता तोड़ लिया आपने!
कैसे विश्वास हुआ हम बच्चों पर
कि आपके कंधों के बग़ैर
दुनिया के मेले घूम लेंगे!...
कि आपके समझाये बग़ैर
कोई खिलौना हम ढूँढ़ लेंगे!...
क्या सोचा हमारे बारे में-
बंद कर दीं अचानक हिदायतें देनी,
हर भली बुरी बात की समीक्षा करना,
समर्थन अथवा झिड़कियाँ देना।
ज़िन्दगी के लंबे सुनसान रास्ते मे
दो क़दम..... भी तो न बढ़े-
अकेले छोड़ दिया आपने!
कितना सूना लगता है--
घर का दरवाजा-
कितनी उदास है चौकी-
कितना ग़मगीन है आँगन!
हे! पूज्य पिता!!
पतझड़ हो गया है सावन।

मायूसियों के रंग

वजूद-ए-हवा को बिजलियाँ जब तोड़ आती हैं,
तभी तो आग पानी में लगाती हैं।

दीयों की ख़िलाफ़त रंग क्या लाये!
ताल्लुक़ अँधेरों का फ़िज़ा से हो गया गहरा।

देखता टूटा हुआ वो बूढ़ बरगद बिखरी शाख़ों को,
बच्चों को कहाँ ग़ैरत कि पूछें दादी या माँ को।

लहू से सींच कर हमने जो पौधे लगाए हैं,
उन्हीं में बग़ावत के कहाँ से बीज आये हैं!

जिसने दुआओं से उसे एक से इक्कीस कर डाला,
उसी को बेटे-पोतों ने, घर से हटा डाला।

बच्चों के लिए माँ ने सितम कितने उठाये थे,
पता बेटे बहू को है कि काफ़ी कम उठाये थे!

उम्र लम्बी माँगती रहती थी जिनकी वो,
उन्हीं बेटे बहू ने उम्र पर छोड़ दिया माँ को।

न माँगें उम्र बेटों की या फिर ख़ुद मरें जल्दी,
वरना बुढ़ापा काटेंगे तन्हा, ये सारे दम्पत्ति।

फले फूले हुए बच्चों का था कहना -
भला इस उम्र तक बाप माँओं को क्यों रहना!

ये न सोंचो कि क्यों यहाँ ठहरे

ये न सोंचो कि क्यों यहाँ ठहरे,
कई लहरों को दूर जाना था।

मुकां पे आके इतना भी न इतराओ अनिल,
हमसे पूछो कि हम कहाँ से चले।

बनाओ बात, बन सके जितनी...
गिरेगा ये बुलंद महल, एक अगर ईंट झूठ की फिसली।

दावा ये कि आप थे माहिर फ़ैसले लेने वाले,
खोज न पाए घर का रास्ता चौराहे पे।

करो भरोसा तो किसका कर लो,
लोग आते हैं दीया बनके घर जलाने को।

वो कलाबाज हैं जो ले लेते हैं पर्वतारोहण का ख़िताब;
सच जानिए तो पर्वत भी नहीं देखे।

जीत कर आए कई समंदर का सफ़र,
घर आए तो दरिया-ए-दुनिया में डूब गए।

मरहूम जड़ें

जो सयाने हैं, उनके बहाने हैं-
मजबूरियों वाले सब जुमले पुराने हैं।
गिरी जब माँ बुढ़ापे से बीमार हो कर के-
सयाने बेटे-पोते, पोती, बहू सब सरके
एक- एक कर के।

जो दुलारा था, जो आँखों का तारा था-
वो तारा छोड़ कर भागा-
सहारा छोड़ कर भागा;
जिसे मक्खन खिलाती थी,
जिसे मिश्री खिलाती थी,
वही जड़ काट लाया है--
माँ की जमीं से माँ को ही
उखाड़ लाया है।

किसे खाने को पूछेगी-
किसे बउआ पुकारेगी-
थाली में किसकी वो
जबरन रोटी डालेगी!

नज़र पड़ते ही जिसको वो
बस, खाने को कहती थी-
त्योहार का दिन हो तो कभी जाने न देती थी--
कोई प्रसाद पाया तो वो औरों को देती थी--
कभी ख़ुद कुछ न खाती थी-
उसी मालिन की बगिया में अब काँटे निकल आये;
रिश्ते सड़े सारे,
नाते पिघल आये।

जिसने न ख़र्चा एक सिक्का भी अपने आप के ऊपर-
उसी निःस्वार्थ बुढ़िया की सभी दौलत निगल आये।

बड़ी बेशर्म दुनिया है-
जिसका खाती है, उसे गलियाती है;
बातें करे जो लात से, उसको,
गले लगाती है।
अपनी जड़ों को शाख़ों ने मरहूम कर डाला।
एक माँ की ममता का संतति ने ख़ून कर डाला।

चाहतें

अँधेरी आँख में जो
रौशनी दे दे-
श्रवण शक्ति जो
बहरे कान को दे दे,
तो देखूँ सपनों के
चेहरों के भावों को,
सुनूँ कुछ गुफ़्तगू
अपने ही ख़ाबों की।

बहुत हैरान हूँ,
अपनी उम्मीदों पर-
दुनिया की माओं के
नसीबों पर।
सजाना ख़ाब भी क्या भूल होता है?
समझ लो, ज़िन्दगी का मूल होता है।

उसे तो जान दे दी थी, भला बेटे ने माँगी थी!
उससे क्या माँगू मैं, उससे क्या चाहूँ मैं!
अरे उम्मीद कोई चाहत ना होती है-
यही तो साँस है जिस पर -
दुनिया जीती है।

कर्तव्य जो उसका है,
उसपर वो अमल करता-
मुझे तो राह दिखानी थी,
कोई हक न जताना था।
अगर वो आँख मिल जाती,
तो अपने खाब दिखा देती-
मरते-मरते भी,
कोई बात बता देती,
अपना मन बहलाती!

युद्ध

धूल है, धुआँ है.......
अहं है...वहम है.....
आकांक्षाओं का अंतहीन आसमान...
अहंकार का अंधा कुआँ है..........!!

बसी दुनिया को खाक बनाती---
निःशब्द.. निर्विकार..निर्दोष लहू से
पाशविक पिप्साओं की आग बुझाती
एक बेईमान नीयत
जिंदगियों की नियति निर्धारित करने पर तुली है।

आवारा मौतें भी लाचार दौड़ रहीं हैं...
टैंकों, बन्दूकों, मिसाइलों का साथ देने को मजबूर मौतें
अंजान जीवन से लिपटी जा रहीं हैं।

आग है, अंगार है....
टूटे सपनों, कुचली भावनाओं,
दरकते विश्वास का अंबार है।

युद्ध नहीं है ये....
प्रगति के नाम पर
बंजर पड़ गयी बुद्धि की बर्बर अभिव्यक्ति है।

धुआँ भरा आकाश रौशनी नहीं देता...
सहमी धरती से बेतहाशा उड़ती धूल
पौधे नहीं जनती..............।

दर्द के अंधड़
विकृत कामनाओं की नाजायज़ पैदाइश हैं।
पेड़ों को ठूंठ बनाने वाले
धरती की देह से हरियाली के वस्त्र नोचकर
उसके अंगों में बारूद भरने वाले
बहकी हुई दानवी ललक की उपज हैं।

.....युद्ध नहीं है ये-
आकांक्षाओं का अंतहीन आसमान...
अहंकार का अंधा कुआँ है।

सियासी सनक

सनक पहचानती है
किन्तु भागमभाग और भीड़
नहीं पहचानती
कौन है कौन;
कौन हिन्दू, कौन मुसलमान!

न आग को
न भागमभाग को-
और ना ही पत्थरों या गोलियों को है,
जाति, धर्म या समुदाय की पहचान।

गोलियाँ पक्ष की हों या विपक्ष की-
मासूम गोलियाँ नहीं जानतीं
धर्म, जाति या समुदाय।

पता नहीं,
कौन धर्म हो घायल-
और कौन मर जाए।

हैं सनक से भी ऊपर आदमी ..
कहते तो, आदमी ही हैं इन्हें...
जो तुरंत पहचानते हैं-
कौन है हिन्दू, कौन मुसलमान।
ये पक्ष में हों या विपक्ष में-
चलवाते हैं गोलियाँ, कराते हैं दंगे।

बेचारे!
-जो भोले थे, गुज़र गए;
-जो थोड़े उत्साही थे, घायल हैं।
किन्तु वो-
जो उत्साह के चरम पे थे,
घूम रहे हैं स्वच्छंद-
मज़े में चंगे-
बिल्कुल नंगे!

समाज की मूर्तियाँ
जिनके मुँह नहीं हैं;
चेहरे पर टंकी आँखें हैं केवल-
निहार रहीं हैं निर्निमेष:
टी वी पर अन्धाधुन्ध तर्क-वितर्क, कुतर्क-
उनके जिनके पास मुँह मात्र हैं;
न कान, न कर्म, न आँख है।

और, धर्म तो है ही नहीं।
मनहूस कालखण्ड के साक्षी-
इंसानियत और मानवता के कंकाल रो रहे हैं।
...और, सुंदर घुमावदार तर्क...
स्वनिर्मित छल भरे उदाहरणों में लिपटे
कर्महीन कुतर्क...
मात्र सो रहे हैं ..।

जहाँ होना था सबका विकास-
वहाँ कुछ हैं ..जो विनाश बो रहे हैं।

गहरे अभाव, अपूर्ण ख़्वाब,
प्यासी महत्त्वाकांक्षा भी
आग लगाते हैं।

कभी कभी
शातिर समझ के सियासी क़दम भी
तारीख़ों, व्यक्तित्वों पर दाग़ लगाते हैं।

ढलान

मानवता, इंसानियत या मनुष्यता
कहाँ तक गिर सकती है;
किस क़दर बिगड़ सकती है
और मूल्यों के रास्ते भूलकर
लिजलिजी नारकीय ढलानों पे
कैसे फिसल सकती है............
ये देख लो-------------....

स्वार्थ के चूल्हे पर
राजनीति के गर्म तवे पे
रोटियाँ सेंक लो..
रोटियाँ या बोटियाँ रास्तों में फेंक लो;
कुत्ते पूछेंगे नहीं
आदमी चूकेंगे नही......
वे खायेंगे, नाचेंगें, तालियाँ बजायेंगे,
अपनी या अपने लोगों की पीठ
थपथपायेंगे................

अपनापन कैसे फिसलता है, देखो।
हड्डियाँ चबायेंगे,
शाकाहारी कहलायेंगे।

ये धर्म और नियम की
प्रदूषणकारी फूल्झरियाँ जलाते
अधर्म की सड़कों से बेख़ौफ़ गुज़रते
चाचा-भतीजा की रिश्तानुमा चौकों से
फँसते निकलते
जातियों की सुविधाजनक दिखती
संकरी गलियों में सहज ही पहुँचते हैं।

....फिर उन्हें भारी जीत का होता है
वजनी एहसास......................!!

चंद दरबारी चमचे
चंद नपुंसक वीर
बदल डालते हैं
अच्छे अच्छों की तस्वीर।

सत्ता ऐसे ही राजों पे राज करती है
जनता को बर्बाद करती है
और जनता इन्हें ग़रीब नवाज़ कहती है।
राजा हर भ्रष्ट राह पे चलता हुआ
प्रजा पर अत्याचार करता
अच्छों को बुरा, बुरों को अच्छा सिद्ध करता
अट्टहास करता है.........!
आभास होता है उसे अतुलित ताक़त का....
जैसे बेबसों पे ज़ुल्म ढाता
कोई बेलगाम तानाशाह

अताक़त को ताक़त
नासमझी को विद्वता
और चोरी व कमज़ोरी को
सीनाजोरी में छिपाता है।

लंगियाँ मारने की कलाबाज़ी को
बुद्धिमत्ता भरी कलाकारी समझता है।

अकर्मण्य नपुंसक क़दमों को
शानदार
शासकीय क्षमताओं का
अक्स बताता है।

पहचानो... ये पास हैं तुम्हारे;
पहचानो.... ये ख़ास हैं तुम्हारे।
तल्ख़ तकलीफ़ो में उबलते भाग्यवानों!!
पहचानो, ... पहचानो!

रंजिशें भुला बैठें

पुरानी बात अनिल, रंजिशें भुला बैठें,
नई हो बात तो फिर नया आग़ाज़ करें।

वही बवाल कि हमने फूँक दी दुनिया,
वही सवाल कि नई रीति बनाते कैसे!

मैं चाहता हूँ बसाना एक नई दुनिया....
नफ़रतों का जहाँ कोई इख़्तियार ना हो;

फूल-से जज़्बात से भरी दुनिया...
न हो नफ़रत, कोई दीवार न हो;

ग़ैरत से भरी नाजों से दुलारी दुनिया...
आँखों में रहे मोम सी लज्जा हर पल,

न रहे ऐसी भी कोई एक नजर
प्यार जहाँ बेशुमार ना हो;

गुनगुनाते साज-सी, संगीत से भरी दुनिया...
बात निकले तो लगे छंद, ग़ज़ल

मन को महसूस हो तरन्नुम की तरह।

इंसान ही हों गिद्ध तो

देखकर मुर्दों को भी अब गिद्ध नहीं आते;
इंसान के आगे बेचारे टिक नहीं पाते।

गिद्धों की होती बात, तो थोड़ा, खा भी कुछ पाते।
इंसान ही हों गिद्ध तो कुछ कर नहीं पाते।

ये भरम है कि बड़े हैं तो हैं, इंसान बड़े वो!
ज़िंदा ही निगलने को हैं सरकार खड़े वो।

कुछ लोग तो होते हैं क़रीने से कमीने;
लग जाएँ भला कितने ही वो प्यार से सीने।

कहलाएँ मसीहा ये बड़ा शौक़ है उनका।
चुपके से चुरा लेते हैं घर- घर का वो तिनका।

झूठों में पीएच.डी. हैं, बातों से हैं गिरगिट।
अनाचार में संलिप्त, लिये हैं साधु की परमिट।

ओहदे वाला दादा

कुछ लोग बताते हैं
बोलने के गुर।
आयी जो अपनी बारी
तो अक्ल हो गयी फुर्र।
अक्ल हो गयी फुर्र,
ज़ुबाँ पे आयी गाली।
पता नहीं, कितनों को पल में,
तुरंत बना ली साले-साली।

संविधान की बात बताते-
अविधान के तार बिछाते।
दादा जैसे रोब दिखाकर
लोगों को रहते हड़काते।
लोगों को रहते हड़काते-
दबंगई की डींग हाँकते।
औरों को, पर, वही डराते-
जो ख़ुद हैं ज़्यादा घबराते।

कुर्सी अक्सर भरमाती है-
शीतल को भी गरमाती है।
बड़ी समझ का भ्रम करवाती-
नासमझी के काम कराती।
कभी खुले में आकर देखो-
जीवन के आँगन में झाँको।
चांदी की राहों से उतरो-
दर्द भरी गलियों से गुजरो।

भाव चने के जान पड़ेंगे-
बाज़ारों से ज्ञान बढ़ेंगे।
जीवन ही ये बतला देगा-
क्या सच है, ये सिखला देगा।
सब्र-सभ्यता सब कुछ भूले-
हिल गयी मानवता की चूलें।
अदना सा बस स्वार्थ शेष है-
अच्छाई अब कैसे फूले?
फूल रहा अब फूल झूठ का-
झूठ नहीं है नाम झूठ का।
कहते झूठ को झूठ न बोलो-
ठीक नहीं ये बोल।
झूठ को ही अब सच बोलें क्या-
यही ठीक है बोल?

ओहदाग्रस्त गिरगिट

अपने प्रति इंसान की मर्यादा को
इंसानियत की कमज़ोरी समझ
उसका मखौल बनाने वाले गिरगिटों!
तेरी प्रतिक्रिया तेरे कुसंस्कार का इज़हार है!!
चोरों की चातुर्य - भरी बुद्धि का विस्तार है!!!

हे दुष्ट-श्रेष्ठों! तेरी शिकवा-शिकायतों,
तेरे छल, तेरे कपट पूर्ण कारनामों,
तेरी लुटेरी नीयतों से
दुनिया
दिन-रात वाकिफ है।

तुझमें से हरेक क्या है, क्या कर रहा है,
कोई नही जानता, इस भ्रम में मत रहो।
तूने किसके हिस्से का क्या कुछ
हड़प लिया है,
ये किसी ने देखा नही,
इस भ्रम में मत रहो।

......मत रहो इस भ्रम में
कि सच्चाई छिपी रहती है।

सच्चाई तो चाँद है, सूरज है, संगमरमर है, शीशा है;
लाखों- करोड़ों प्रकाशवर्ष,
हज़ारों गज़ की रची काली परतों
को तोड़ रौशनी सी निकल आती है।

चुगलखोरियों और
सच को न देखने की असाध्य व्याधियों
से ग्रसित मानसिक बीमारों!
तूने तो कुल-विनाशक बीज बो रखा है।

सत्य तो सत्य है ....
उसे घटना है...अवश्यम्भावी।

किन्तु, उस वक्त, तेरे शागिर्द तेरे दुख बाँटने
तेरे पास नहीं होंगे।
और तब, मर्यादा ही नही,
अमर्यादा भी, नृत्य करेंगी, तुझ पे थूकेंगी,
तेरा मखौल उड़ाएँगी।

ईश्वर की कृपा से कोई ओहदाशुदा होता है।
परमेश्वर की अकृपा से कोई ओहदाग्रस्त होता है।

अहंकार के विशाल अग्नि कुंड के पास बैठे
दिग्भ्रमित बेवक़ूफ़ो !बिना जड़ों के पेड़ नहीं होते;
काठ होते हैं-
जो सींचने से सड़ जाते हैं।

ओहदे के गर्व को ओहदाग्रस्त हो झूठे दर्प से
कलंकित कर डाला।
जहाँ आकर तुझे सेवा का, सत्संग का, निःस्वार्थ हो
मित्रतापूर्ण संबंधों का विस्तार करना था,

तूने उसे आप को बड़े होने, सबसे अक्लमंद, चतुर और काबिल
होने का एहसास
लोगों को कराने में गँवा दिया।
दरअसल, तुझे पता नही चला कि तूने
ख़ुद को घटिया, नीच, दुष्ट, भाव हीन, दृष्टि हीन,
और दुष्कर्मों को छुपाने हेतु
तथ्यों से भटकाने हेतु
सदा ग़लत फ़ैसले लेने वाले
सर्वथा निकृष्ट व्यक्ति होने का
प्रमाण पत्र बाँट दिया।

तू अपनी इमारतें गिना ले,
अलग अलग शहरों में करोड़ों के प्लाट बता ले
किंतु
इससे तेरा कद इंच भर भी
बढ़ा नही; उल्टे घट गया है।
तेरे जैसे संस्कृति विनाशक,
संस्कार भंजक,
चरित्रहीन,
व्यावहारहीँन
व्यवसायी सेवक से
सर्वनाश की ही आशा हो सकती है
और कुछ नहीं.........

बस्ती और बचपन

भुलाए भूलते नहीं वो रेशमी बचपन!

सलोनी शाम,
अनगिनत.... अल्हड़पन;
संगियों साथ दरीचों के खेले,
गाँववोंगिरावों के जीवंत मेले....
बिरजू जी की हँसी ठिठोली,
अट्टहास के पागलपन।

गुलाबी चाहें, महकती सुबहें,
गोरी दोपहर, सरीर शामें,
नटखट बातों भरा खुलापन।

श्याम रात में सोती बस्ती,
परंपरा को ढोती बस्ती,
बीमारों पर रोती बस्ती।
होनहार के अवसर खोती,
उजड़ उजड़ कर बसती बस्ती।

सूरज उगता रहा यहाँ पर
रौशन हुई मगर ना बस्ती।
बने दिए और फैले जग में,
बेचिराग़ है लेकिन बस्ती।

प्रीति गीत

तेरे नयनों में बसते हैं सपने मेरे
नींद टूटे नहीं, है ये हसरत मेरी।
नाम लिखा तुम्हारा फ़लक पे पढ़ा,
नूर पहचान लूँ, है ये फ़ितरत मेरी।

सागर के जैसा है जज़्बा तेरा,
मैं उन्मत लहर का कोई ज्वार हूँ।
मेरी बुलंदी में हो तुम ही तुम,
दूर रहके यूँ लगता है, बीमार हूँ।

जब भी गिरके बिखरता हूँ, राहों में मैं,
ख़ुद को पाता हूँ तेरी पनाहों में मैं।
तुम तो तड़के सुबह की हो ताज़ा हवा,
पता क्या कि क्या हूँ, निगाहों में मैं।

तुमको देखे कोई तो ज़रूरत नहीं
कि देखे गगन में कहीं चाँद को।
चाँदनी जैसी तेरी नज़र का असर,
मादक हुई जाती सारी उमर।

कोई अल्फ़ाज़ मुझको है मिलता नही
जिससे फ़ितरत को तेरी बयाँ मैं करूँ।
तू जन्नत से आई कोई रौशनी -------
मेरी आँखें न टिकतीं, तो मैं क्या करूँ।

तू बेला-चमेली महकती हुई--
मुंडेरों पे चिड़िया चहकती हुई।
जुगनू सी चमकती अँधेरों में तुम,
महफ़िल में गुड़िया थिरकती हुई।

मेरी साँस हो, मेरा विश्वास हो,
तू है तो दुनिया में हर रंग है।
तू जो नहीं, तो कहीं कुछ नहीं,
संसार पूरा ये बदरंग है।

हवाओं को अलकों को छूने न देना

हवाओं को अलकों को छूने न देना;
नींदों को पलकों पे चूने न देना।

महाठग हैं ये तो आवारा दीवाने!
तुम्हें बहला लेंगे, छूने के बहाने।

अस्मत के सिलकन सरकने न देना।

बहुत बेईमान हैं दुनिया के फ़रिश्ते।
ना देखेंगे नाते, न जानेंगे रिश्ते।

फूलों की डालें लचकने न देना।
तूफ़ाँ का मौसम है, बाहर न जाना।

डुबो देंगे तुझको, ज़रा दूर रहना......
पास आये तेरे तो सीधे ये कहना.....

शीशों की मानिंद है जो ये गहना।
छूना न हर्गिज़, ज़रा दूर रहना।

ये ज़ेवर हैं, इनको क़रीने से रखना।

हवाओं को
अलकों को छूने न देना।
नींदों को
पलकों पे चूने न देना।........

शब हो हमारे

फ़ितरत है उनकी आन में जान दे देना।
जान लेकिन अच्छा नहीं यूँ जान दे देना।

है किसे परवाह .....मेरी जान जाएगी।
जब जान जाएगी, दुनिया जान जाएगी।

रूह में गूँजता है लम्हा लम्हा नाम उनका।
दिलो दिमाग़ में छाया हुआ पयाम उनका।

सच है कि हो भगवान तुम, सब हो हमारे।
दिन दोपहर पल पल मेरे, शब हो हमारे।

गहरे रिश्ते

वर्ष पुराने भले हुए हों,
पल बीते हों पल पल कितने;
नये मगर रिश्तों के कोंपल,
जीवन नव पल्लव-से चिकने।

राह खुरदुरी मिली तो क्या है,
सही बनाना सीखा हमने।
अक्षर जो टेढ़े-मेढ़े थे,
कर सीधा फिर लिखा हमने।

जीवन कब सीधा होता है,
कौन सहज जीवन जीता है!
जिस जीवन में मोड़ नहीं हो,
वो भी क्या जीवन होता है!

जीवन एक मंज़र के जैसा,
और, जीना ख़ंजर के जैसा;
ख़ुद सीने पे लेना होगा,
ज़हर जान कर पीना होगा।

लतिका सौरभ शुभम शोभते,
नित्य ख़ुशी की पौध रोपते।
अंतर आलोकित लगता है,
सपनों सा मन में जगता है।

हाथों में हाथ लिए आये,
जैसे थे, साथ लिए आये।
हमने प्रपंच रोपा न कोई,
बिन देखे माथ लिए आये।

जो बाग लगा, मनभावन था;
दिल फागुन था, मन सावन था।
आँखों में स्वप्न सलोने थे;

मझधार में जब नौका आयी,
साहस ने पार लगाया तब।
हिम्मत ही भँवर को पार करे,
नौका ने पार लगाया कब।

बंधन भी न्यारे होते हैं,
चंदन से प्यारे होते हैं।
माथे से जो लग जाएँगे,
मन प्राणों में बस जाएँगे।

सफ़र साथ में

सफ़र साथ तय करते हमने
पार करीं कितनी राहें।
हमने अगणित मंज़िल देखी
थामे सपनों की बाँहें।

छोटी-छोटी बूँदों से
बौछार बने हम दोनों।
कितने जीवन के सृजन में
औजार बने हम दोनों।

भले हिमालय चढ़ ना पाये
चढ़े जहाँ तक कम क्या!
भले राह का अंत न आये
बढ़े जहाँ तक कम क्या!

सफ़र तय किया किसने कितना
जान न कोई पाये ।
कहाँ खड़े हैं कहाँ से चलकर
चलना ये कहलाये।

जीने के साधन को जीवन
मान ना जीवन खोया।
साधन को साधन ही माना
जीवन में जीवन बोया।

फटा बिंदु ब्रह्माण्ड बना ज्यों
प्रीत बनी वैसे ही।
हार जहाँ थी हार न कोई
जीत बनी वैसे ही।

अहं पार करने से मीते
व्योम हमें मिल जाये।
किरणों को न्यौछावर होकर
कली कली खिल जाए ।

ज्ञान मान की बात नहीं है
यह तो एक समर्पण।
वृक्ष भूमि से उठकर फलकर
झुक-झुक करते फल अर्पण।

एक समंदर सा गहरा
और एक नदी सा चंचल।
हो रिश्ता रौशन पावन
और शैल सरीखा अविचल।

है जन्मों का साथ

बरसों की कोई बात कहाँ, ये है परसों की बात।
साथी कल के भले लगें, पर है जन्मों का साथ।

सफ़र शुरू होने से पहले कोई कहीं नहीं था----
ये धोखा नज़रों का था, सबकुछ यहीं कहीं था।

हाथ मिले जिस दिन से, क्या साथ वहीं से मानें।
मिला किये थे समय पार भी जाने या अनजाने।

समयबद्ध होने पर अनुबंध शुरू होता है।
समय पार सीमाविहीन संबंध शुरू होता है।

समय पार जाकर हम एक साथ कहीं गाएँगे।
आने वाले आएँगे जाने वाले जाएँगे।

गीत

जैसे परिंदों ने पर अपने खोले-
खुलने लगे मौसमों के दरीचे।
फूलों ने राग औ ख़ुशबू बिखेरे-
महकने लगे हसरतों के बगीचे।

हारे उस माली ने आसमाँ निहारा-
क़ुदरत ने पौधे दुआओं से सींचे।
हवाओं ने अपने इशारों से छेड़ा-
सुबह को, खड़ी थी पहाड़ों के पीछे।

किनारों को छूता ये दरिया का पानी-
हवाओं सी चंचल इसकी रवानी।
ये शबनम, ये जज़्बा भरी जिंदगानी-
सुरों का ये सरगम, ये रंगीं कहानी।

बसो मेरे दिल में ओ प्यारे कबूतर-
प्रतीक्षा में तेरी ये नयना हैं कातर।
ये रस्ता, ये धरती, ये रिश्ते, ये नाते-
मेरी समझ में, यही तो बताते।

दो प्राणों का दाम्पत्य सफ़र

भीगे प्रभात के नेह पुष्प--
अंधेर राह में एक दीप--
किसी पतझड़ में सुरभित वसन्त-

आँचल में लिये
यादें अनूप--
और वात्सल्य,
बरसात -रूप।

मंदिर में मचलती मधुर ध्वनि-
इठलाती वो धूप-गंध--
अध्यात्म भरी पावन सुगंध।

एकांत मार्ग पर एक साथ--
अक्षुण्ण अनंत की एक लहर।

जन्मों से परे--
कर्मों से भरे-
दो प्राणों का दाम्पत्य सफ़र।

स्नेहसिक्त आशीष आपको

स्नेहसिक्त आशीष आपको
नव दंपत्ति!
नव संगति पर।
शुभ मुहूर्त जो
शुरू हुआ,
उस नए सफ़र पर:
जिस पर चहकी थी चिड़ी सुबह,
नव दाम्पत्य की,
उस तरुवर पर:
जहाँ छोर खो गया सरोवर भावों का,
मन के उस तल पर:
याद करे दुनिया जो रिश्ता,
रिश्तों के पावन सागर पर:
दमक उठे उपवन सा आँगन
जिन ख़ुशियों से,
उस मिठास पर, अनुरक्ति पर।

जो ख़ुशी सबको संतृप्त करे,
आशीष अनिल उस संसक्ति पर।

आदमी और चश्मा

प्रिये, तुम आज मिलते,
तो हमसे नहीं मिलते;
मिलते उससे
जो बताता आम-
भले ही ख़ुद इमली रहता।

प्रिये, वो भूल गया रहता-
क्या बन कर आया था,
क्या बनकर मरना है।

हाँ, वो, भूल गया रहता-
आदमी आदमी रहता है-
चाहे वो नंगा हो;
लंगोटी, धोती या सूट में हो।

आदमी आदमी रहता है-
झोपड़ी में हो या बंगले में;
पढ़ा-लिखा हो या अनपढ़;
गाँव में हो या शहर में।
बोलना जाने या न जाने।
होटलों में खाता हो
या हाथों से पकाता हो।

चश्मा चढ़ा लेने पर भी
आदमी आदमी ही रहता है -
उतना ही नंगा;
जितना मूर्ख, उतना ही भिखमंगा-
जितना वो दूसरों को समझता है।

चश्मा तेरी-मेरी आँखों पर है
पर न तो मुझे चश्मे का घमंड है,
न तुझे चश्मे का भय।

है प्रिये, मुझे चश्मा आकर्षित नहीं कर पाया;
किसी पोशाक, किसी ज्ञान ने नहीं भरमाया
क्यों कि हम मिले थे
जब आदमियत की तलाश की जद्दोजहद में थे।

हर पोशाक, हर चश्मा
आदमियत की तलाश में पहना-
इसीलिए, गहने ने,
गहने पहनने वाली को
आज तक नही पहना।

वैसे ही, तुम आज मिलते तो
मैं तुझे नहीं देखता-
देखता तेरी जूती,
तेरे गहने, तेरे लिबास,
तेरी असलियत के सारे नक़ाब।

दिन-रात एक अजनबी के साथ जीते
और रात के रात भ्रम की नींद सोते!

हे प्रिये, अत्याधुनिकता का चश्मा पहने अंधा युग
तेरी सुंदरता कहाँ देखेगा!
जिस घर में आज अपना जना बच्चा बेगाना है,
वो तुम्हारी सर्जनात्मक शक्ति कहाँ पहचानेगा!!

फूलों का जीवन

शायद हम फूलों का जीवन न पाते,
दुनिया में इतना सताए न जाते।

जो होते काँटे, तोड़े न जाते,
काँटों ने काँटे चुभोये न होते।

लोगों से इतने दुलारे न जाते,
नाम पे प्रीत के यूँ उजाड़े न जाते।

लोभी नजर से हम घायल न होते,
अपनी ही ख़ुशबू के क़ायल न होते।

ख़ुशबू और ख़ूबसूरती दुश्मन न होती,
हमारी यूँ हत्या हरदम न होती।

अपने घरों की बेटी सरीखा,
दुनिया में बंजारा जीवन न जीता।

मंदिर में मस्जिद में हरगिज़ न होता,
अनचाहे गर्दन में सज कर न रोता।

माँगी बलि देवों ने हमारी,
कैसी अहिंसा दुनिया तुम्हारी।

देवों के नामों पर दुनिया में धोखा,
मर मर के दुनिया में हमने है देखा।

राजा के बाग़ों में, माली की बाँहों में,
जीवन अधूरा पूरा का पूरा।

जंगल का मैं तो हो ही न पाया,
जीवन में जंगल जंगल ही पाया।

जंगल सी रातें, जंगल से दिन,
महफ़िलें जंगल, जंगल ज़मीं।

बेकार मेजों पर भद्दी गन्दी सेजों पर,
ऐसे ऐसे जंगल में बेजा न होता।

मुझे डर सुबह से बिल्कुल न लगता,
शामों से मैं एकदम न डरता।

मगर मैं तो हँसता हूँ रोता हूँ अन्दर,
जीने के मौसम में मरता हूँ डरकर।

हम तो बने औरो के लिए:
अस्तित्व मेरा ग़ैरों के लिए।

कर्म मेरा अनकही कथा,
समझ परे ये अनंत व्यथा।

घरों की कन्या बाग़ों का फूल,
बेदर्द दुनिया फूलों के शूल।

जन्मूँ जहाँ पे ना ठहरूँ वहाँ पे,
नियति ये जाने कि जाना कहाँ पे।

मगर फिर भी ख़ुश हूँ कि हूँ मैं अनोखा,
देता ख़ुशी ख़ुशबू, खाता हूँ धोखा।

देवों के माथे पे लेता अँगड़ाई,
उत्सव और महफ़िल में होती बड़ाई।

ईश्वर ने मुझको बनाया इस काबिल
कि संसार मेरे बिना है नाकाबिल।

शादी का मौक़ा हो या हो विदाई,
सियासी मजलिस हो या घर बसाई-

जनम का हो उत्सव या अर्थी सजाना-
बेहद ज़रूरी है फूलों का आना।

क़िस्मत हमारी कितनों का सपना,
दिया विधाता ने जीवन में इतना।

सपनों के तार

तू
हमारे सपनों का तार
हाथों में अपने लिये
कैसा तल्लीन बैठा होगा!
नन्हे!
नन्ही-नन्ही स्वप्निल पंखुड़ियों वाली
नावों पर होकर सवार-
लाँघते हुए
अनंत महत्वाकांक्षाओं के पारावार-
अकल्पित कितने दुखों के
रु ब रु होगा!
सर्द हवाओं में
एकाकी सड़कों पर
इतनी रात को
आते जाते
सिहरता तो होगा!
ख़्वाबों को ढोता हमारा ख़्वाब

ख़्वाबों में कभी ख़ुद बिखरता तो होगा!
तू तो है लेकिन
वो बादल का टुकड़ा-
जलती वो धरती
जो देखे न मुखड़ा।
इस पार से चलकर
प्यासे तक
बादल को चलना होता है।
धरती को तरावट देनी है
नदियों को चलना होता है।
अरमान भरा तू बादल है-
उम्मीद भरी एक नदिया है।
चलने में नहीं सिहरना है-
चलना ही जीवन गढ़ना है।

आदि शक्ति का अंश है माँ

कुछ शब्द मुझे दे ओ माते!
जिनसे कुछ लेखन कर पाऊँ।
कुछ बुद्धि मुझे भी वर माते!
जिस बल पर क़लम उठा पाऊँ।

कोशिश जो भी कर सकता था,
ओ माते! करके थक बैठा।
एक शब्द मुझे ना मिल पाया
जिससे गुणगान सुना पाऊँ।

मैं जन्म काल की बात करूँ
या पालनहारिणी नाम रखूँ-
संघर्ष भी तू और हर्ष भी तू;
जीवन के हर उत्कर्ष में तू।

किन किन बातों को याद करूँ,
किन किन की याद भुलाऊँ मैं!
जो कुछ भी है, सब तेरा है,
कैसे ये कर्ज़ चुकाऊँ मैं!

जाने किस जग में रहती है,
अब एक बात ना सुनती है।
लोगों को ताका करती है,
रिश्तों को आँका करती है।

मैं सारी बात सुना जाऊँ,
वो कान कहाँ से दिलवाऊँ।
बस सेवा अर्पित है तुझको,
मन के अंदर कैसे जाऊँ।

जननी ने ही ब्रह्मांड गढ़ा,
जैविक अणुओं में मति भरी,
कण में ऊर्जा भण्डार भरा,
और सूक्ष्म कणों में गति भरी।

तू आदि शक्ति का अंश है माँ,
ओ माते! तुम्हें प्रणाम करूँ।

दासता की सोच

जो चंदन ग़ैर बाग़ों का, उसे ही, सिर चढ़ाएँगे।
जो चंदन बाग़ का अपने, उसे हम क्यों लगाएँगे!?

ये अपनी दासता की सोंच आख़िर जाएगी भी क्या?
अपने कद बढ़ाने का ये नुस्ख़ा कब भुलायेंगे?

क्या कपड़े देखकर बोलोगे ये है माँ?
जो लिबास हों गंदे तो उसको क्या बुलाएँगे?

गुलाबों ही की शाख़ों पर क्या केवल फूल खिलते हैं?
खिले जो फूल कहीं भी और, उसे भी शाख़ कहते हैं।

लिबासें देखकर पहचान का जो मंत्र खोजा है,
ये इंसानियत का माप मानक कब हटाएँगे?

सत्ता का स्वभाव

सत्ता का स्वभाव यही है।

सत्ताहीन रहे तो, सीधा सादा था आदर्श
जैसे मिली पदों की कुर्सी, भूल गये संघर्ष।

बड़े यत्न से अपनों ने उनको ये राह दिखाई
चमचों की फौजों ने उनको बारीकी समझाई।

कान हों कच्चे बात मखानी, बढ़े दिलों में हर्ष
पावर का समभाव यही है।

सत्ता तक थे साथ हमारे भूल गए अब दिन वो सारे
जनता के मन घाव यही है।

कदम चूम कर दुष्टों के कद अपना बढ़वाया
नेक जनों की राहों में हरदम रोड़ा लगवाया।

बढे आप धक्के दे दे के... सत्ता का बर्ताव.... यही है।

प्रकृति की ऐसी नेमत हो

मौन मुखर हों!
चंचल, सधे, सुघड़ हों!!

सीमाओं के पार जीत हो!
चिंताओं की बात अतीत हो!!

मनभावों में पारदर्शिता,
आचरणों में सदाचार हो!

आकांक्षा हो सीमाओं में,
ब्रह्म स्वरूप हृदय हो विस्तृत!

नैसर्गिक सम्बन्ध बंध हो!
सौरभ मय आकाश अनंत हो!!

द्रुम, लतिका, शुभ स्नेहिल शोभित;
अनिल सुबह हो शीतल -शीतल!

अनल तेज दहकाये दुर्गुण;
खाक खाक भव भ्रष्ट भावना !

व्यभिचार, दुविधा, . दुर्जनता,
राख राख हो क्रोध, वासना !

तरु छाया -सा तपन नरम हो;
बातें फाहे हों, ... रेशम हो !

.... प्रकृति की ऐसी नेमत हो ! !

जहाँ गुरु पग पग पे हों

जहाँ गुरु इतने न हुए, वो देश सभ्य इतने कैसे।
जहाँ गुरु पग पग पे हों, क्यों वो सभ्य नहीं दिखते॥

क्या इतने अज्ञानी थे हम, सारे गुरु जन फेल हुए।
या चेले थे ऐसे जाहिल, गुरु-चेले के खेल हुए।

जहाँ मुनि, ऋषि, गुरु नहीं, कद्र अदब कैसे सीखा।
जहाँ अदब के थे रखवाले, रहा अदब से वो रीता।

राम कृष्ण का नाम जहाँ हो, वहाँ कर्म ऐसा फीका।
जिस पश्चिम को कोसा हमने, लगे वही असली सिक्का।

पूरब पूरब शोर मचा कर, चर्चित तो हो सकते हम।
कर्म गर्व की वजह नहीं तो, गर्वित क्या हो सकते हम।

क्या विश्वास करेगा कोई, यहीं राम का जन्म हुआ।
कैसे बदल गयी सब रीति; सुसंस्कृत, बेशर्म हुआ॥

सदाचार वो आर्यावर्त का, कब विलुप्त हो गया यहाँ।
आचरणों का सारा वैभव! हो ग़ायब वो गया कहाँ।

शायद हम थे इतने लघु कि गुरुओं का बाज़ार बना।
महावीर बुद्ध, राम कृष्ण को हमने दिया लाचार बना।

भटक गया वो देश कहाँ जो कभी बना था विश्व-गुरु।
कहते हैं कि प्रथम सभ्यता कभी हुई थी यहाँ शुरू।

वो सोने की चिड़िया उड़ गई, जो थी अपना मान।
कुछ तो फिर भी बचा रहे जिस पर हो अभिमान।

राजा, और प्रजा दोनों ही होते जिम्मेवार।
है गुनाह किसका, राष्ट्र कैसे ये करे विचार।

वैभवपूर्ण विरासत अपनी, हमें संभालनी होगी।
खोया कहीं भँवर में गौरव, बात माननी होगी।

समुझत बनै, बनै नहीं बरनी

चहूँ ओर कोहराम मचा है,
कहाँ अछूता कोई बचा है!
जहाँ देखिए, दाँव पेंच है-
कहीं नहीं ईमान शेष है।

धूर्त जनों को फिर भी देखो-
बात सदा ईमान की करनी।
समुझत बनै, बनै नहीं बरनी।

गली-गली में व्यभिचार है,
अत्याचार और भ्रष्टाचार है।
धर्म-ध्वजा ले लोग दौड़ रहे-
बड़े-बड़े अभिलेख तोड़ रहे।

कुम्भ नहाकर देखो मुनिगण
कहते, पार करो वैतरणी।
समुझत बनै, बनै नहीं बरनी।

घर आकर न्यौता दे जाते,
प्यार से बस में संग बिठाते।
लॉक करें अपनी सब जेबें।
हमसे वाहन शुल्क दिलाते।

सहज सौम्य आचार ये कैसे-
ठग वाले व्यवहार हों जैसे।
ईमान धर्म की ऐसी करनी-
समुझत बनै, बनै नही बरनी।

परेशान मुख मंडल करके,
माथे पर तलहत्थी धर के
माया एक से एक दिखावें-
येन केन कुछ माँग के लेवें।
जब देने की बात सुनें तो
लंबी लंबी कथा सुनावें।
नहीं सुने दुख मेरे जैसे-
ऐसे-ऐसे रूप बनावें।
पाप कराके लाभ उठावें,
ख़ुद पापों से दूर बतावें।

सत्यनिष्ठ ऐसे जो होते,
सदा दिखेंगे कुढ़ते रोते।
दुख नहीं हरती क्यों दुख हरनी।
समुझत बनै, बनै नहीं बरनी।

ख़ानदान की आन बतावें-
बात-बात में शान दिखावें।
औरों को उपदेश पढ़ावें
ख़ुद उपदेश के उल्टे जावें।
औरों से ख़र्चे करवावें
आपन सब संग्रह कर लावें।

बच्चो को गाड़ी दिलवावें।
और, अभाव के भाव बनावें।
बड़े-बड़े आदर्श झाड़कर
चमचई में परचम लहरानी।
समुझत बनै, बनै नहीं बरनी।

सोना-चाँदी कहीं पड़ा है-
कहीं दबे हैं हीरा-मोती।
घने अंधेरे तने हुए हैं-
निगरानी के हाथ में ज्योति।
ज्योति डूब रही अंधकार में-
ऐसी तगड़ी लीपा-पोती।

करे कोई, और किसी को भरनी-
समुझत बनै, बनै नहीं बरनी।

ऋषि-मुनियों के वृहद देश में-
ठग-डाकू हैं इसी भेष में।
बड़े-बड़े उपदेश मिले हैं-
आदर्शों के बड़े किले हैं।
अनपढ़ जहाँ रहे हों ज़्यादा-
वहीं गुरु की रही मर्यादा।
पश्चिम को कोसें पूरे मन-
जहाँ गुरु बिन सभी टनाटन।

यहाँ कथन है, वहाँ है करनी-
समुझत बनै, बनै नहीं बरनी।

आप कमावें, काम बनावें-
औरों को उँगली दिखलावें।
रोज़-रोज़ चर्चा में लावें-
भला-बुरा सब-कुछ बतलावें।
अपनी पारी बड़ी सुहानी-
औरन बारी आनाकानी।

अन्य घरों की ख़बर इन्हें है-
पता नहीं बस अपनी घरनी।
समुझत बनै, बनै नहीं बरनी।

हाँकत-वांचत गाल बजावत-
सरल सहज को नाच नचावत।
होशियारी की छौंक बात में-
चतुराई की डोर हाथ में।

कहैं बहुत, पर एक न करनी-
समुझत बनै, बनै नहीं बरनी।

जिन लोगों के बीच घिरे हैं-
बड़े चतुर हैं-बेहद शातिर।
करते मन की, धरते मन की-
बतलाते, की औरन ख़ातिर।
स्वार्थ बड़ा हो चुका है इतना-
क्या वर्णन कर पाए लेखिनी।
समुझत बनै, बनै नहीं बरनी।

केशव कभी सारथी फिर बनो

केशव कभी सारथी फिर बनो,
पार्थ कितने हैं, गीता सुनाते नहीं।

ज़िन्दगी की खुली जंग है सामने,
अंग पाण्डव को फिर क्यों लगाते नहीं।

तेरी मर्ज़ी से, कहते हैं, चलता है सब,
अपनी मर्ज़ी यहाँ अब चलाते नहीं।

लाज अब भी बेपर्दा दुर्योधन से है,
दाँव भीमों को फिर से बताते नहीं।

कंस कारा में अठवीं मनाते हैं अब,
नींद गहरी इन्हें अब सुलाते नहीं।

दिलों में छिड़ी महाभारत है जो,
कौरवों को वहाँ भी हराते नहीं।

किसे राष्ट्र की फ़िक्र यहाँ है

किसे राष्ट्र की फ़िक्र यहाँ है;
बस कुर्सी का ज़िक्र जहाँ है।

जो शहीद हो गए वीर सब;
नहीं ठीक से नाम याद अब।

बचे रहे जो लोग सयाने;
लगे मंत्री बन देश चलाने।

चारों तक जो खा जाते हैं,
वो मंत्री पद पा जाते हैं।

राजनीति की नीयत ऐसी
भरे घर अपना, लुटे ख़ज़ाने।

देश भक्ति की बोली बोलें,
किन्तु वक्त पर मुँह न खोलें।

तिकड़म तीर -धनुष -सा तीखा,
संग्रह ही सब कुछ है, सीखा।

सही काम में सात बहाने,
भ्रष्टाचार के ताने बाने।

शब्द के जादूगर बाज़ीगर,
काम काज में नाकर नूकर।

औरों से सब काम कराते,
सभी श्रेय निज नाम लिखाते।

चालाकी जिसमें हो जितनी,
होय तरक़्क़ी उसकी उतनी।

जात-पात की रोज प्रशंसा,
वरना गाली धमकी हिंसा।

कैसे देश विकास करेगा!
पाप किसी का; देश भरेगा!

देशवासी अब करो विचार...
कैसे जागेंगे संस्कार।

नव डाल पात पर
फूलें कैसे नव विचार।

कैसे भाव परिष्कृत होवें,
मानवता की हो जैकार।

अनिल जलाये अनल वो कैसे..

देश प्रेम के जलें दिए -से;
द्रोह का जल जाए हथियार।

आईना हूँ मैं

देखता हूँ मैं, मुझे तुम देखते हो।
तुम्हारा आईना हूँ मै, ख़ुद ही को देखते हो।
मुझे क्या देखते होतुम, ख़ुद ही को देखते हो।

तेरी तस्वीर की तासीर रगों में पुरअसर है;
तेरे चेहरे को मैं पहचानता हूँ,
लगा लो लाख इस पर मगर सब बे-असर है।

कहाँ की बात रखते हो कहाँ पर
तुम्हे नक़ली दिखाई दे रहा है आप तेरा
तम्हारा आईना हूँ, मैं तुझ में झाँकता हूँ।

तेरे अंदर ग़ज़ब की आग देखी है
बचो इससे, जला देगी ये तुझ को ही
डाह की ये लहर ऊँची डुबो देगी ये तुझ को ही।

कभी ख़ुद झाँक कर देखो ख़ुद ही को
कभी ख़ुद आँक कर देखो ख़ुद ही को
कभी भला सोंचो किसी का;
कभी चमन सींचो किसी का।
ऐ यार ख़ूब हो तुम, लकीरें तुम मिटाते हो;
अपनी बढ़ाने को, औरों की घटाते हो।

हाँ, आईना हूँ मैं, तेरे चेहरे को मैं पहचानता हूँ
हाँ, आईना हूँ मै, मैं तुझमें झाँकता हूँ।

कहानी बन ही जाती है;फ़साना बन ही जाता है।
तेरे बारे में कुछ सोचूँ, बहाना बन ही जाता है।

कहूँगा, शांत कर मन को; न ऐसी आग भड़काओ।
जलोगे आप भी इसमें, जरा तुम होश में आओ।

न झाँको दूसरों को इस तरह यारों
कि दुनिया की नज़र में गिर ही जाओ तुम।
किसी की तरक़्क़ी की राहों में जो आओगे,
तो ये समझो कि तुम भी बच न पाओगे।

बदस्तूर है ये भी कि तुम भी
इस आग में घिर ही जाओगे।

मुझे मालूम है, तुम एक न मानोगे।
मुझे मालूम है कि तुम मुझे उँगली दिखाओगे।

तुम्हारा आईना हूँ, मैं तुझको जानता हूँ।
मुझे क्या देखते हो तुम ख़ुद ही को देखते हो।

पहचानो कि ये हो तुम, मुझे क्या देखते हो।
तुम्हारा आईना हूँ मैं, ख़ुद ही को देखते हो।

तुम्हारा आईना हूँ मैं, तुझको जानता हूँ।
लाख चेहरे बदल लो तुम, तुम्हें पहचानता हूँ।
तुम्हारा आईना हूँ मैं..।

मैं कमज़ोर नहीं

कुछ और बात है
कहीं कहीं मेरा ज़ोर नहीं;
फिर भी समझो इसका मतलब
मैं क़तई कमज़ोर नहीं।

बहरे ना सुन पाएँ मतलब
बाहर कोई शोर नहीं?
कौन है ऐसी रात बताओ
जिसकी कोई भोर नहीं!

नेकी भी सिखलाऊँगा,
शोखी भी बतलाऊँगा।
अगर पीठ पे वार करोगे,
नीति सभी दिखलाऊँगा।

राजनीति तो लहू में बहती
ये समझो पी जाता हूँ।
जितनी आती बात कान में
होठों को सी जाता हूँ।

मत समझो नादान हूँ मैं,
मत समझो अनजान हूँ मैं।
जो प्रबंध करके आये हो,
उसका ख़ुद विज्ञान हूँ मैं।

सामने आकर बात करो
तो ख़ूब मज़ा मैं लेता हूँ।
मगर टांग पीछे खींचोगे,
ऊँची सज़ा मैं देता हूँ।

में ऐसा कर जाऊँगा
बारूद मैं भर जाऊँगा।
तिल तिल जीवन काटोगे,
जीना दूभर कर जाऊँगा।

दुश्मन मेरा नमन तुम्हें
दोस्त न बन, मत नाटक कर।
दुश्मन हो तो साहस कर
अपने को मेरा दुश्मन कह।

तेरी करनी से ऐ दुश्मन,
दोस्त कलंकित होता है।
ऐसे खड्यंत्रों से दुश्मन,
शुद्ध हृदय सशंकित होता है।

ये पाप है, जो तुम कर बैठे।
तिस पर दिखते ऐंठे ऐंठे।
जिस पर तीर चलाते हो,
वो मारेगा बैठे बैठे।

सज्जनता को मत गाली दे;
त्याग अहं औक़ात में रह।
बड़े बड़ों ने चाटी धूल,
साथ में हो तो साथ में रह।

लंबी राह जो चलनी

जिन्हें राह लंबी तय करनी
कान खोलकर सुन लें।
दुर्घटना से देर भली
वैसी राह वो चुन लें।

मंज़िल नहीं सहज मिलती
ताने बाने जो बुन लें।
श्रम से ही बस फल मिलता
कितना चाहे सिर धुन लें।

भले राह लंबी हो तेरी
बाँह थाम के रखना।
पास तुम्हारे रहेंगे अपने
अपनों के अपने रहना।

दूर तलक जब चलना हो तब
दूर दूर तक तकना।
जितने ऊँचे लक्ष्य हों तेरे
उतना ऊँचा सपना।

सपनों की ख़ातिर लेकिन
कभी भूल मत करना।
गिरा अगर कमज़ोर कोई तो
छोड़ न आगे बढ़ना।

सफल अगर कहलाना हो तो
आप न ख़ुश हो लेना।
ख़ुशी में शामिल एक एक कण को
मान बराबर देना।

हमें चाहिये रहना बन कर
युगों युगों तक बिम्ब;
ऐसी मिसाल जब बन पाएँगे,
जन्मेंगे प्रतिबिम्ब।

जो एक पल में ख़ुश कर देता,
पद न टिकेगा ज़्यादा।
जीवन में वो जगह बनाओ,
जहाँ टिके मर्यादा।

निरा निरंकुश होकर तो
कोई शासन कर लेगा।
किन्तु ज़माना नाम हृदय में
दुःशासन धर देगा।

राज करोगे दिल पर तो
साज बजेंगे दिल के।
खोट अगर रह गया कहीं
ना जी पाओगे खिल के।

और ज़िन्दगी पछताएगी
ऐसी देह से मिल के।
जीवन हर पल ये चाहे
कि गुज़रे जीभर हँस के।

हुआ वही जो होना ना था

चमचम चमक रहा था जो
गमगम महक रहा था जो
वही बेचारा गुम दिखता है
खो गया वही
जो खोना ना था।
हुआ वही जो होना ना था।

लाट बना फिरता है देखो
ठाट वाट से रहता है वो
बाट लगाए फिरता है वो
नज़रों में अब सोना है जो
दूर-दूर तक सोना ना था।

हुआ वही जो होना ना था।

पढ़ लिख कर विद्वान बना जो
दुनिया में नादान रहा वो
जिस सिस्टम से बढ़ती दुनिया
उससे भी अनजान रहा वो।
अच्छा अब कहलाता है वो
अच्छाई मिल सके कहीं
जिसमें एक भी कोना ना था।

हुआ वही जो होना ना था।

जिसे लोग चाहें जी भर के
करता जो सेवा मर मर के
अभी बेचारा बना घूम रहा
और आवारा बना रहा जो
उसे बिठाते लोग चूम के।
ईश्वर को भी रहम न आती
ऐसे बीज तो बोना ना था।

हुआ वही जो होना ना था।

मौक़े पे जाकर उजालों ने पाया

शहर में हमारे अँधेरा है अब तक।
जरा सा घटा है पर गहरा है अबतक।

लोगों की राहों में पहरा है अब तक।
दर्द ए निशाँ दिल में गहरा है अबतक।

कहूँ कैसे उसको जो बहरा है अबतक।
कातिल का झण्डा फहरा है अबतक।

बदन में हैं शोले, हैं पाँवों में फोले।
काँटों का दरिया पसरा है अबतक।

चेहरा हमारा न सँवरा है अबतक।
फ़िज़ाओं में कोहरा ही कोहरा है अबतक।

मौक़े पे जाकर उजालों ने पाया,
अँधेरा वहाँ पर ठहरा है अब तक ।

साहेब जो दर्द ओ ग़म सुनने को आया,
ऐसा क्यूँ लगता है, बहरा है अब तक।

दिखती झरोखों की चौखट बड़ी सी।
गलियारा दिल का क्यूँ संकरा है अब तक।

रे जल्लादों

1

कहीं ख़बर, मासूम लुटी.....
छपा कहीं, बिटिया न रही....
तू एक दरिंदा ज़िन्दा है,
तेरे न लिए कोई फंदा है।
जितने कानून बना डाले,
तू पड़े नहीं किसी के पाले।
तू छिपकर आग लगाता है,
बम गोले फोड़ के आता है।
निर्दोष भीड़ पर बिन गिनती
गोलियाँ चलाये जाता है।

2

रे हवशी! रे जल्लादों!!
तू.........................
अगर..........
इतना साहसी है........
कि हजारों इंसानों का ख़ून करके-
कि हजारों नौनिहालों के निवाले छीन के-
कि हजारों माँगों में आग की दरिया बहा के-
कि हजारों बाग़ों में बर्बादियों की आँधियाँ लाके-
अपनी एक दुनिया
अपना एक मुक़ाम बना लेगा,

तो सुन-
ओ हिजड़ों!
माँ की कोख से निकलकर
उसी कोख में आग भरने वाले जल्लादों!!
कि देवी सी एक माँ, एक भगवान बना कर दिखा-
दिलकश रंगों से सजा
एक जहान बना कर दिखा
जिसमें तू अकेला रह ले।
ख़ुद
न आदमी बना, न इंसान रहा;
न बेटा, न पति, न बाप रहा।
ओ वाहियात, सिर चढ़े, बिगड़े!
इसी धरती के बियावान में
तेरी ही माँ बैठी
तेरी सी औलाद जन के
अफ़सोसज़दा है
कि आदमी के भेष में
ये गिद्ध या भेड़िया कहाँ से आया।
......और, तेरी औलाद...तेरी बेटियाँ
ख़ौफ़ज़दा हैं कि तेरे जैसा बाप
पता नहीं कब
उसकी गर्दन काट ले
कि उसकी अस्मत उतार दे..
!!!!!!

गाँधी

गाँधी दिखते भाषण में-
काश !दिखें मन -आँगन में।

हरियाली तो वही, रहे जब जेठ हरी-
आम बात ये सावन में।

देव भाव दिल में हो तो हों देव-
वर्ना क्या रक्खा रस्तों के पाहन में।

गाँधी हाथों में दिखते, तस्वीरों में-
काश !दिखें चस्पा हर दिल, हर आनन में।

दिखता भ्रष्टाचार जहाँ चप्पे चप्पे-
गाँधी हो गये ब्राण्ड, विकास के वाहन में।

गाँधी हो गए ढाल-चाल बदली सबकी-
ले दुर्गा का रूप धरा पे आ अबकी।

सड़क किनारे खड़ा है भूखा आज-
वो किसान जो जग को देता है अनाज।

बैठा है हर एक पदों के टेंशन में-
आज पूछता कौन, जो होते अनशन में।

कहाँ अहिंसा के चक्कर में लगे रहे-
ले हिंसा का चक्र उतरना अब जन में।

जला हुआ संस्कार

बाढ़ घृणा की ऐसी देखी,
मरा डूब अब प्यार।
माला टूटी, बिखर गई,
टूटा एक परिवार।

दर्पण में लो कौंध गया
सारा सोच विचार...
मुरझाया सा स्नेह सुमन
जला हुआ संस्कार।

जिस आँगन में पनप गया
काँटों का संसार।
ईश्वर है ये प्रार्थना,
कर उसका उद्धार।

एक गीत

संगीन जैसे ज़ुल्म कुछ किया है...
इतना कुछ ऐसा सजा में दिया है।
रंजिश थी ऐसी, कभी तो बताते;
अंदर के शोले बाहर जलाते।
बातें थीं ऐसी तो दिल न जलाते;
आँसू बहाते, गले से लगाते।
ग़म आगे आते हैं, पीछे ख़ुशी फिर;
आते हैं ग़म यूँ ही जाने की ख़ातिर।
शब-ए-ग़म में जब हम अकेले खड़े हैं,
संग देने को कोई न अब तक बढ़े हैं।
लंगियाँ तक लगाने में चुकते नहीं हैं,
अपना कहाते हैं, लगते नहीं हैं।

कौआ आदमी

वक़्त की ताक में
कौए सा बैठता है
इंसान भी........
मुंडेर पे बैठे
चोंच में रोटी का टुकड़ा लिए
पंख तोलता है...उड़ने के लिए।

कभी कुएँ की मुडेर पर भी
बैठता है
और
पानी में अपनी छवि देख
नीचे दूसरा कौआ होने के अति विश्वास में भी
फँसता है....

उसके मुँह की रोटी भी ले लेने के
लालच में बोलता है काँव
और
अपने मुँह की रोटी भी
डालता है
पानी में........

जैसे कमज़ोर
अनुभवहीन व अज्ञानी प्रशासक
ख़ुद बिना वजह डरने के कारण
डराता रहता है औरों को
दिखा दिखा कर हथियार
भाँज भाँज कर तलवार......
कल्पित दुश्मन, कल्पित ख़तरों को महसूस कर।

जो निहायत अव्यवहारिक और बदतमीज़ हो,
वो दूसरों की व्यवहारिकता परखता है!
कैसी विडंबना है!

जरा सी शक्ति क्या मिली,
पूरी औक़ात गवाँ बैठे।
बिन बात दिखे ऐंठे ऐंठे!!

मुंडेर पर कौआ।

पानी में अपनी छवि देखता
कौआ.......
आदमी।

बदलते सरोकार

कुछ लोग आज तड़के घर-वार हो गए,
छज्जे पे धूप गिरते परिवार हो गए।

लगे बाजुओं में ऐसे
ज्यूँ आस्तीन स्तर,
और, ज़ख़्म के लिए ज्यूँ,
कोई हसीन नश्तर।

दोपहर तलक फिर तलवार हो गए।
कुछ लोग आज तड़के घर-वार हो गए।

जो दौड़ते थे आगे,
वो डर के हमसे भागे;
सेवा लगी यूँ भारी,
सेवा धरम से भागे।

बताते रहे जो सेवक, सरकार हो गए।
कुछ लोग आज तड़के घर-वार हो गए।

जब दिन लगा सरकने,
आँगन से छज्जे चढ़ने,
तन्हा से हो गए हम-
क़िस्मत पे रो गए हम।

शाम होते होते सब यार खो गए।
कुछ लोग आज तड़के घर-वार हो गए।

बैठा भविष्य सिरहाने
ऊँघता सा लगता।
कोई विषैला जीव
समय को
सूँघता सा दिखता।

दुनिया में सदविचार व्यभिचार हो गए।
कुछ लोग आज तड़के घर-वार हो गए।

जीवन

जीवन है
जागना
अनवरत भागना
कुछ बनना, कुछ होना
फिर सो जाना।

जो संग है
बस वही जीवन का सम्पूर्ण
रंग है;
बाक़ी बदरंग है।

खट्टे-मीठे पलों का
जो रेला है,
जीवन का मेला है।

जीवन है लेकिन,
गुज़रने को आतुर
तेरे सामने में ठिठकता हुआ पल-
उसी पल में खोना।

ज़िन्दगी

एक अकेली शाम का साया बनी है ज़िन्दगी।
वक्त के घर दोपहर आया बनी है ज़िन्दगी ॥

ज़िन्दगी का नाम जाने कब से हम सुनते रहे।
जीने का अरमान पाले पल कई चुनते रहे ॥

मोड़ कितने दे दे के मुड़ती रही है ज़िन्दगी।
एक नए ग़म से हमेशा जुड़ती रही है ज़िन्दगी ॥

ज़िन्दगी बीती कभी एहसान के पल की तरह।
ज़िन्दगी गुज़री कभी अनजान राही की तरह ॥

एक नया धोखा ख़ुशी का ज़िन्दगी से है मिला।
ज़िन्दगी क्या एक समस्या दर्द का कोई सिलसिला ॥

ज़िन्दगी देगी भला कितने सवालों का जवाब।
ज़िन्दगी लगने लगी है ख़ुद ही एक ज़िन्दा सवाल ॥

ज़िन्दगी के ज़ख़्म को ख़ुद ज़िन्दगी सहलायेगी।
जोन्क बन चूसेगी हमको खा हमें ही जाएगी ॥

हार तो सकते नहीं हम राज एक दिन खोलेंगे।
शक्तियो को इसकी अपने हौसलों से तौलेंगे ॥

मौसम नम इहलीला जैसा

सर्द हवा,
ठिठुरी रातें;
सन्नाटा सो रहा घरों में।

पेड़ खड़े ख़ामोश,
परिंदे सिहर सिहर
घुस रहे परों में।

आसमान का मौन
देख तारे भी भागे;
कोहरा घना, टपकती बूँदे,
अंधकार है भीषण आगे।

राह खोजता हुआ
पथिक कोई सम्बल चाहे;
कहीं अलाव, कहीं कम्बल चाहे।

जो प्रकाश था स्वयं
कहाँ रोके उसको तम।
भटक गयी ये देह,
देह जैसा ये जीवन।

वजनदार होता दिखता
कैसा ये क्रन्दन!
झंझावात सरीखी मौतें,
बूँद टपकती....चपल चपल छ्न।

रस्ता कर्मों के नाम सरीखा;
ज्योति आत्मा...हँसी की रेखा।

आसमान है मौन,
चपल मन का है आँगन।

धर्म की माफिक तारे भागे,
क़िस्मत दुःख का घना कुहासा;
पश्चाताप अँधेरा जैसा,
मौसम नम इहलीला जैसा।

माया तू न गयी मेरे मन से

लाज न आई तुझको
तूने शर्म हया सब त्यागी।
पास तेरे सब त्याग जो आया,
उसे छोड़ तू भागी।
अरे कर्कशा !ओ कलंकिनी ! !
हे रे सत्यानाशी ! ! !
खा गई तू मर्यादा सारी,
रहा न कुछ भी बासी।
ओ पिशाचिनी !
तेरी लीला खासी।
जहाँ जहाँ तुझे स्वार्थ दिखा,
वहाँ वहाँ तू नाची।
दूजों को बदनामी दी,
निज नाम पे जी भर भांजी।
तेरी क्या औकात !
किसी का नाश करेगी।
ओ दुष्टा !ख़ुद अपना ही
सर्वनाश करेगी।
तेरी हँसी जाल ज्वाला सी,
झूठ-झूठ वकवास करेगी।

तेरा कोई दोस्त नहीं,
पिता नहीं, भाई भरजाई कोई नहीं,
आधार झूठ।
आचार झूठ।
बीमार झूठ।
बीमारी का समाचार झूठ।
विहार विचार सब झूठ झूठ।
पुरुष पति का प्यार झूठ।
अस्पताल
स्कूल झूठ।
आना जाना
नाना झूठ।
झूठ को तूने जाना जीवन,
षडयंत्रों को माना जीवन।
धोखा देना शुरू करे तो,
व्यक्ति बनाये जाल जखीरा।
पीड़ित तू जीवन भर होगी,
औरों को जो दी है पीड़ा।
कभी कामना बढ़ जाती है,
सिर के ऊपर चढ़ जाती है;

कुत्सित होती कुटिल भावना,
कर्म काण्ड तक कर जाती है।
अपना आँगन छोड़ छाड़ कर
दीप और घर तुम बारोगी...
पतित प्यास की ऐ आतुरता!
व्याकुल अपना घर जारोगी।
कष्ट कई जीवन में आते...
और बिना बतलाये आते....
तो क्या निर्णय रोज बदलता?
स्वाद जीभ का रोज मचलता?
स्वाद हेतु जी जब भी मचले,
सहज पाँव नीयत के फिसले।
मन के आगे हार जाए जब,
दहलीज़ों के पार जाए जब;
ये माया, ये कर्म पिशाची
अपना झंडा गाड़ जाए तब।

ज़िन्दगी क्या है

कैसी ख़ौफ़नाक दौड़ है ये ज़िन्दगी.....

एक खुले व्यस्त चौराहे पर
भाग दौड़ है ज़िन्दगी।

कैसी मज़ेदार रेस है.....
मौत में घटा दो ज़िन्दगी
फिर भी
ज़िन्दगी शेष है।

मौत की गोद में औन्धा
सोया पड़ा अधूरा ख़्वाब है ज़िन्दगी।

अनगिनत सवालों का जवाब
एक सवाल है ये ज़िन्दगी।

टूटने से लग गए हैं

टूटने से लग गए हैं क्यों इरादों के मकाँ।
रौशनी थी जिस शहर में उठ रहा उससे धुआँ।

ये जहाँ तो वो नहीं है लोग रहते हों जहाँ।
फाँस लगती साँस में, बस आग की है आँधियाँ।

लोग पीकर जी रहे हैं, आँख के पानी यहाँ।
रावणों के युग में जानें राम बसता है कहाँ ।

फल नहीं लग पा रहे या सड़ रहे हैं पेड़ पे।
पौध में हैं लग गईं लाइलाज ब्याधियाँ।

कोई अपना सा दिखे इस खोज में है आदमी।
आदमी के रास्ते में बढ़ रहा अंधा कुआँ ।

ख़्वाहिशों की वादियाँ और सोच में चालाकियाँ।
आदमी इतना बता दे, गिर के जाएगा कहाँ ।

सुहाना बड़ा ये सफ़र हो चला है

सुहाना बड़ा ये सफ़र हो चला है..
सफ़र देखो अब हमसफ़र हो चला है।

राहें हों मंज़िल, मज़ा ही मज़ा है।
मंज़िल न मंज़िल, मज़ा ही मज़ा है।

साँसों का सफ़र है, ज़िन्दगी तर-ब-तर है।
झमेला छलों का रहगुज़र हो चला है।

धोखा खड़ा मुस्कराने लगा जब,
छलों ने है साधी चुप्पी तभी से...।
सीधी बातों पे नज़रें जब फिरने लगीं,
अपने हुए अनमने से तभी से.....।

हमने परखी हैं, लोगों की ग़द्दारियाँ,
मतलबी रिश्तों की मक्कारियाँ;
घटिया, कमीनी, महीनी की बातें,
नीति की चालों में राजनीतियाँ।

जो बताया गया था कि अमृत है ये...
पीते पीते वही अब ज़हर हो चला है।

सुहाना बड़ा ये सफ़र हो चला है....

ये शाम पलों की मेहमाँ है

देखो जब सूर्य निकलता है,
तारे सारे सो जाते हैं;
अस्तित्व चाँद खो देता है,
जुगनू ग़ायब हो जाते हैं।

ये शाम पलों की मेहमाँ है,
अंधेरे कहाँ डराएँगे!
रौशन होगी फिर शान सुबह,
इनको हम मार भगाएँगे।

उस आसमान की छाती में
महा अग्नि का गोला है।
अग्नि ने जनी अवनि सारी,
नीरसता में रस घोला है।

ना आग बुरी, ना दाग़ बुरा,
दिल सच्चा है, सब अच्छा है।
देखो तो उजाला ही सारा
एक चिंगारी का बच्चा है।

इस जलन को शीतल कर लेंगे,
थोड़ी सी आग तो लग जाये।
जल जी भर बरसेगा प्यारे,
बस दिल में दीपक जल जाए।

बंद हैं कारोबार जहाँ,
जला हुआ संस्कार जहाँ,
आँगन में रिश्तों की झाड़ी,
यारों पनपे अब प्यार कहाँ।

बच्चों युवकों को काम नहीं,
धरती एक नई बनानी है।
काग़ज़ के फूल जहाँ दिखते,
ख़ुशबू उनमें भी भरनी है।

परित्राणाय साधूनाम
विनाशाय च दुष्कृताम,
ये मंत्र चुराना गीता से
और लड़ जाना है चीता से।

सूरज नया उगेगा फिर,
पवन चलेगा झिर झिर झिर;
धरती शीतल उज्ज्वल होगी,
हँसी ख़ुशी हर पल होगी।

ख़्वाहिशों के शबनम

कोंपलों पे ज्यों हों
ख़्वाहिशों के शबनम-
जेठ दोपहरी जैसे
बारिशों की रिम झिम-

स्वप्निल दौड़ दीवानी
ज्यों लहरें मस्तानी-
अल्हड़ हवा सुहानी,
शोख नदी - सी रवानी।

नभ छूतीं मन मीनारें,
पर राहों में दीवारें-
पत्थर से लड़तीं लहरें,
गिरतीं टूटतीं बौछारें-

बनतीं मिटतीं उम्रें,
शामों में ढलतीं सहरें-
राज़ ये बेहद गहरे,
रूहों के कितने चेहरे-

पानी सा जीवन दरिया;
दरिया का जीवन पानी- !

पनघट पनशाला काया-

ये ... माया चतुर सयानी।

आता साल जाता साल

साल जाना है क्या, साल आना है क्या;
काल सीधा खड़ा है, बताना है क्या!
कभी अच्छा न था, ना बुरा ये रहा;
जैसा जी को हुआ, वैसा कहता रहा।

मन विस्मृतियों का खिलौना बना,
समय ही समय पर छलना बना।
रोक सकते नहीं, टोक सकते नहीं-
ये तो उड़ता ही चलता है बौना बना।

जब समझने का होता हो, जाना नहीं;
इशारों को लम्हों के, माना नहीं।
ख़ुश होते हों, या कि हों गमगीन आप,
गुज़रते हैं पलछिन, न सुनगुन, न चाप।

नफ़रत के, हसरत के क़िस्से पिये,
ख़्वाबों के धागों को पर में लिये,
उड़ता खटोला ये, मखमली हिंडोला ये
चलता है जीवन को कर में लिये।

साल आना है क्या, साल जाना है क्या;
काल सीधा खड़ा है, बताना है क्या!

ऐसा विषाणु भेजा रब ने

बढ़ी धूप है, कड़ी धूप है।
नीला ज़्यादा आसमान है।
दिशा शांत है, फ़िज़ा शांत है;
भीड़ रहित दिखता जहान है।

जिनका होता इंतज़ार था,
घर भी रो रो जार जार था-
गृहिणी थी, बच्चे थे, बूढ़े,
रहते थे जो उखड़े कूढ़े,
बंद दीवारों, दरवाजों में-
अब हैं बैठे व्यस्त परिजन,
घर देखो गुलज़ार हुआ है।

एक सड़क जो सिमटी सी थी,
अब चौड़ी सी आप है लगती।
दिखे समन्दर अंदर अम्बर-
उतरे चाँद बाग के सिर पर।

श्रेय कोरोना को जाता है,
कारक नायक कहलाता है।
सादा जीवन सीखा सब ने,
ऐसा विषाणु भेजा रब ने।

संकल्प हो मन में, दिल में जज़्बा,
स्वच्छ रहे हर नाला.. क़स्बा।
जीवन रक्षक सदा सजग हों,
या कि चिकित्सक या शासक हों।

हम सीखें जो सत्य शाश्वत!
क्या सुख, क्या दुख! कहे भागवत।

समय हमेशा होता है बलवान

सड़कें हैं सुनसान, घरों में चहल पहल है-
दुनिया में अब कई नज़ारे पहिल पहिल है।

कभी मरण पे साथ साथ होते थे सारे-
आज नहीं कोई साथ, अकेले शव बेचारे।

ये रिवाज़ था, बीमारों से मिलते थे सब-
परिजन हैं बीमार अगर तो दूर-दूर ही रहते हैं अब।

दौड़ रहे हैं भूखे कुत्ते हर गाड़ी के साथ-
पता नहीं किस हाल में हैं सजती जिनसे फ़ुटपाथ।

यही सोच लो, समय हमेशा होता है बलवान-
जोकर बनकर फिर रहे बड़े बड़े विद्वान।

हाथों में कुछ लगा नही है, फिर भी धोइये।
लाख हो बाहर काम, मगर, घर में ही सोइये।

आसरों के पाँव

बे हिसो हरकत कहकशाँ तमाम,
हवा ये ज़हर ज़दा है.................... . .. ।
जिधर भी देखिए, है ख़ौफ़,
बेकराँ . तीरगी है।

थकीं अब उँगलियाँ गिनते हुए दुर्दिन,
लोग कहते हैं कि सुख के दिन निकट हैं।
आती नहीं हैं बेसबब बीमारियाँ,
फिर भी कारण ढूँढ़ना कितना विकट है।

नागहाँ अब नाच उठती मौत,
ज़िन्दगी मजनूँ हुई है।
आतिश कदा सा दिख रहा, हसरतों का बाग,
देख लो दुनिया ये कैसी छुई मुई है।

ख़ुदा की खीस या कान्हा की कला है,
जो चाहो कह लो आफ़त को;
गगन के गर्त्त में जो ज़लज़ला है,
मालूम हो, वो इस जहाँ में ही पला है।

दिख रहे फिर भी फ़लक पर -
आसरों के पाँव,
देखिये आकर रहेंगे-
एक न एक दिन गाँव।

पर प्रपंच के

जब बालू की भीत बनी हो,
लहू की चाहे बूंद सनी हो-
कभी आस्था टिक नहीं सकती।
स्वच्छ अगर मन सच में होये,
कभी आत्मा बिक नहीं सकती।
"पर" प्रपंच के कई लगाकर
छप्पन पैरों के बल
छल ने
पलों की संगत कर ली,लगता।
फूल भले मुरझा जाते हों,
काँटा तो हँसता ही रहता।
पीड़ा में हैं पड़े हुए जो
सीधे और बेचारे-
समय शेर के मारे, बेबस, बेकल, हारे।
चतुर चाल के
धूर्त खिलाड़ी का तो डंका बजता।
दिखें खींस बेईमानों के,
ईमान बेचारा लगता।
जिसे सहारा स्वयं चाहिए, वही सहारा बनता.....
जो लूटे इन्सानों को वो, नाम मसीहा रखता।